Faculté de Droit de Paris.

THÈSE

POUR LA LICENCE.

L'acte public sur les matières ci-après sera soutenu, le samedi 27 décembre 1845, à midi,

Par André-Augustin-Ernest GAUTHIER, né à Paris.

Président, M. BUGNET, Professeur.

Suffragants. MM. DE PORTETS, DURANTON, ROYER-COLLARD, Professeurs. VUATRIN, Suppléant.

Le candidat répondra en outre aux questions qui lui seront faites sur les autres matières de l'enseignement.

PARIS
IMPRIMERIE ET LITHOGRAPHIE DE MAULDE ET RENOU,
RUE BAILLEUL, 9 et 11.

1845

A mon Père et à ma Mère.

JUS ROMANUM.

DE PIGNORIBUS ET HYPOTHECIS, ET QUALITER EA CONTRAHANTUR ET DE PACTIS EORUM.

(Dig., l. 20, t. Ier.)

Pignus est juscreditori in re constitutum, quo licet ei eam possidere in securitatem debiti, eamque distrahere, ut ex pretio debitum consequatur.

Pignori in jure triplex est significatio. Modo rem oppignoratam, modo contractum quo constituitur pignus, modo jus creditoris in re oppignorata denotat.

Inter pignus et hypothecam, quantum ad actionem hypothecariam, nil interest, et creditoribus competit quasi serviana actio quâ pignora et hypothecas consequuntur.

Propriè tamen pignus dicitur quod ad creditorem transit, hypotheca cum non transit possessio ad creditorem.

Contrahitur hypotheca per pactum conventum, cum quis paciscatur ut res ejus propter aliquam obligationem, sint hypothecæ nomine obligatæ. Nec ad rem pertinet quibus fit verbis, sicuti est et in his obligationibus quæ consensu contrahuntur; et ideo et sine scriptura si convenit ut hypotheca sit, et probari poterit, res obligata erit de qua conveniunt; fiunt enim de his scripturæ ut quod actum est per eas facilius probari poterit, et sine his autem valet quod actum est, si habeat probationem.

Res hypothecæ dari posse sciendum est pro quacumque obligatione, sive pecunia mutua datur, sive dos; sive emptio vel venditio contrahatur, vel etiam locatio et conductio, vel mandatum, et sive pura est obligatio vel in diem, vel sub conditione, et sive in præsenti contractu, sive etiam præcedat; sed et futuræ obligationis nomine dari possunt : sed et non solvendæ omnis pecuniæ causâ verum etiam de parte ejus; et vel pro civili obligatione vel honorariâ, vel tantum naturali; sed et in conditionali obligatione non alias obligantur, nisi conditio extiterit.

Propter usuras quoque, si obligata sit hypotheca, usuræ solvi debent. Idem et in pœna dicemus.

Dare autem quis hypothecam potest sive pro suâ obligatione, sive pro alienâ.

Quodcumque emptionem venditionemque recipit, etiam pignorationem recipere potest. Aliena res potest etiam obligari sub conditione, si debitoris facta fuerit.

Statuliber quoque dari hypothecæ poterit, licet conditione existente evanescat pignus.

Conventio generalis in pignore dando bonorum vel postea quæsitorum recepta est. Obligatione autem generali rerum, quas quis habuit, habiturusve sit, ea non continebuntur, quæ verisimile est quemquam specialiter obligaturum non fuisse, ut puta supellex; item vestis relinquenda est debitori; et ex mancipiis, quæ in eo usu habebit, ut certum sit eum pignori daturum non fuisse, proinde de ministeriis ejus per quam ei necessariis, vel quæ ad affectionem ejus pertinent, vel quæ in usum quotidianum habentur. Denique concubinam, filios naturales, alumnos constitit generali obligatione non contineri, et si qua alia hujusmodi sint ministeria.

Et quæ nondum sunt, futura tamen sunt, hypothecæ dari possunt, ut fructus pendentes, partus ancillæ, fœtus pecorum et ea quæ nascuntur, sint hypothecæ obligata.

Quodcumque pignori accessit obligatur. Si fundus hypothecæ datus sit, deinde alluvione major factus est, totus obligatur.

Si mancipia in causam pignoris ceciderunt, ea quoque quæ ex his nata sunt, eodem jure habenda sunt. Quod tamen dicimus etiam adgnata teneri, sive specialiter de his convenerit, sive non, ita procedit si dominium eorum ad eum pervenit, qui obligavit, vel hæredem ejus. Cæterum si apud alium dominum pepererint non erunt obligata.

Si res hypothecæ data, postea mutata fuerit, æque hypothecaria actio competit; veluti de domo data hypothecæ, et horto facta. Item si de loco convenit et domus facta sit. Item de loco dato, deinde vineis in eo depositis.

Si is qui bona reipublicæ jure administrat, mutuam pecuniam pro ea accipiat, potest rem ejus obligare.

Si nesciente domino res ejus hypothecæ data sit, deinde postea dominus ratum habuerit, dicendum est, hoc ipsum quod ratum habet, voluisse eum retro recurrere ratihabitionem ad illud tempus quo convenit; voluntas autem fere eorum demum servabitur, qui et pignori dare possunt.

Si ἀντιχρησις, id est mutuus pignoris usus pro credito, facta sit, et in fundum aut in ædes aliquis inducatur, eo usque retinet possessionem pignoris loco, donec illi pecunia solvatur, cum in usuras fructus percipiat, aut locando, aut ipse percipiendo habitandove. Quidquid pignori commodi sive incommodi fortuito accessit, id ad debitorem pertinet.

Creditor prædia sibi obligata ex causa pignoris recte locare poterit, ita tamen ut mercedes quas consequetur imputet in debitum.

Potest ita fieri pignoris datio hypothecæve, ut si intra certum tempus non sit soluta pecunia, jure emptoris possideat rem justo pretio tunc æstimandam : hoc enim casu videtur quodammodo conditionalis esse venditio.

IN QUIBUS CAUSIS PIGNUS VEL HYPOTHECA TACITE CONTRAHITUR.

(Tit. 2.)

Quæ in prædia urbana inducta illata sunt, pignori esse creduntur, quasi id tacitè convenerit; in rusticis prædiis contra observatur.

Sed in prædiis rusticis fructus qui ibi nascuntur, tacitè intelliguntur pignori esse domino fundi locati, etiamsi nominatim id non convenerit.

Si horreum fuit conductum vel diversorium, vel area, tacitam conventionem de invectis et illatis etiam in his locum habere dicendum est.

Non solum pro pensionibus, sed etsi deteriorem habitationem fecerit culpa sua inquilinus, quo nomine ex locato cum eo erit actio, invecta et illata pignori erunt obligata.

Senatusconsulto quod sub Marco imperatore factum est, pignus insulæ creditori datum, qui pecuniam ob restitutionem ædificii exstruendi mutuam dedit, ad eum quoque pertinebit qui redemptori, domino mandante, nummos ministravit.

QUÆ RES PIGNORI VEL HYPOTHECÆ DATÆ OBLIGARI NON POSSUNT.

(Tit. 3.)

Eam rem quam quis emere non potest, quia ejus commercium non est, jure pignoris accipere non potest.

Filius familias pignori dari non potest, et creditor qui sciens filium familias a parente pignori accepit, relegatur.

Pupillus sine tutoris auctoritate hypothecam dare non potest.

Si filius familias pro alio rem peculiarem obligaverit, vel servus, dicendum est eum non teneri, licet liberam peculii sui administrationem habeant, sicut nec donare eis conceditur; non enim usquequaque habent liberam administrationem.

DROIT FRANÇAIS.

COMMENT SE CONSERVENT LES PRIVILÉGES.

(Code civil, art. 2106-2113.)

La publicité est la base fondamentale de notre système hypothécaire, malgré les importantes dérogations apportées par le Code civil aux dispositions de la loi du 11 brumaire an VII, qui avaient pour but de porter à la connaissance de tous chacune des circonstances qui sont de nature à modifier la situation de chaque immeuble, soit sous le rapport de la transmission de la propriété même, soit quant aux charges dont il peut être grevé.

C'est donc une nécessité de ce système que toutes les charges qui pèsent sur des immeubles soient facilement connues.

Pour atteindre ce but, il fallait conséquemment soumettre les priviléges, toutes les fois qu'ils peuvent frapper des immeubles, à des conditions de publicité dont ne sont affranchis que ceux énoncés dans l'art. 2101. La modicité ordinaire des créances garanties par ces priviléges a pu, sans grave inconvénient, leur faire accorder cette faveur.

Sauf cette exception, ce n'est que sous la condition d'être rendu public, que le privilége s'attache à l'immeuble qui forme son gage, et donne lieu au droit de suite, qui est un des effets du privilége et de l'hypothèque.

Le mode de publicité prescrit par la loi consiste, pour les priviléges comme pour les simples hypothèques, dans l'inscription effectuée sur les registres du conservateur.

Néanmoins, à l'égard du privilége du vendeur, la transcription du titre d'aliénation, qui constate que la totalité ou partie du prix est encore due par l'acquéreur, est suffisante pour conserver ce privilége, et vaut inscription pour le vendeur et pour le prêteur subrogé à ses droits par le même contrat.

De plus et pour mieux faire connaître aux tiers intéressés l'existence de ce privilége, la loi impose au conservateur des hypothèques l'obligation de faire d'office et gratuitement, sur son registre, l'inscription des créances résultant de l'acte translatif de propriété, en faveur tant du vendeur que des bailleurs de fonds. Mais la loi n'a pas subordonné à cette inscription la conservation et l'exercice de ce privilége. L'omission de cette formalité ne porterait donc aucune atteinte aux droits du vendeur ou des prêteurs subrogés, et ne donnerait lieu qu'à des dommages-intérêts contre le conservateur, au profit des tiers qui en auraient souffert.

C'est le plus ordinairement l'acheteur qui fait faire la transcription, pour arriver à la purge des hypothèques ; mais le vendeur et le bailleur de fonds peuvent la faire opérer pour assurer leur droit.

L'inscription seule peut conserver les autres priviléges énoncés dans l'art. 2108, c'est-à-dire le privilége du cohéritier et du copartageant, sur les immeubles de la succession, pour la garantie des partages, et des soultes et retours de lots, et celui des architectes, entrepreneurs, maçons et autres ouvriers employés à édifier, reconstruire ou réparer des bâtiments, canaux et autres ouvrages, ainsi que des personnes qui ont prêté les deniers pour les payer.

Il en est de même de l'espèce de privilége accordé par la loi aux créanciers de la succession et aux légataires, et qui les fait préférer, sur les biens de cette succession, aux créanciers personnels de l'héritier, toutes les fois qu'ils demandent la séparation des patrimoines, en exécution de l'art. 878 du Code civil.

Une double inscription est même nécessaire pour le privilége des architectes, entrepreneurs et ouvriers. Comme ce privilége ne peut excéder ni le montant des sommes dues pour les travaux, ni la plus-value qui en résulte, il importe après l'avoir rendu public par l'inscription du procès-verbal constatant l'état des lieux, de faire connaître ensuite, de la même manière, par l'inscription du procès-verbal de réception, la valeur qu'il constate.

La loi fixe-t-elle un délai pour rendre ainsi publics ces différents priviléges?

Aucun délai n'est fixé pour la transcription qui conserve le privilége du vendeur. Néanmoins, comme en général un droit hypothécaire ne peut s'asseoir sur un immeuble, qu'autant que cet immeuble est encore dans les mains du débiteur, le premier vendeur, en cas de revente, doit faire transcrire son contrat ou tout au moins faire inscrire son privilége, soit avant l'adjudication, si cette revente a lieu par suite d'expropriation, soit, si elle est volontaire, dans la quinzaine au plus tard de latranscription de cette seconde vente. (Art. 834, C. de proc.)

Il faut en dire autant de l'inscription du privilége des architectes et ouvriers; à quelque époque qu'elle ait eu lieu, elle assurera toujours l'exercice de ce privilége contre les créanciers antérieurs aux travaux. Toutefois, si l'on avait négligé de faire inscrire le premier procès-verbal avant le commencement des travaux, et que des tiers, dans l'ignorance du privilége, eussent acquis, avant cette inscription et postérieurement à ce premier procès-verbal, une hypothèque sur le bien réparé ou augmenté, il paraît juste de décider que leur hypothèque ne pourrait être primée par ce privilége.

Le privilége des cohéritiers et des copartageants et celui de séparation de patrimoine doivent être inscrits dans des délais dont l'expiration entraîne déchéance : le premier dans les soixante jours à dater de l'acte qui donne naissance au privilége, c'est-à-dire de l'acte de partage ou de l'adjudication sur licitation; le second dans les six mois de l'ouverture de la succession.

Du reste, avant l'expiration de ces délais, aucune hypothèque ne peut être acquise au préjudice soit du créancier de la soulte, ou du prix de la licitation, soit des créanciers et légataires demandant la séparation des patrimoines.

Ces dispositions indiquent clairement le véritable sens de celle de l'art. 2106 du Code civil, d'après laquelle les priviléges n'ont d'effet qu'à la date de leur inscription, et prouvent qu'il ne faut pas en conclure que la date de l'inscription fixe le rang du privilége.

L'inscription est le complément nécessaire du privilége; c'est la condition à laquelle la loi a subordonné, à l'égard des tiers, son effet et l'exercice des droits qu'il confère. Ce n'est donc, en quelque sorte, que du jour où cette formalité a été remplie, que son existence est parfaite et définitive; voilà ce qu'a entendu l'art. 2106.

Mais du moment où, par l'accomplissement de cette formalité, les priviléges ont acquis toute leur efficacité, ils prennent rang selon le plus ou moins de faveur que la loi accorde aux créances auxquelles ils sont attachés; *privilegia non tempore, sed causa æstimantur*; et il n'y a pas lieu d'appliquer aux priviléges la règle admise en matière d'hypothèque : *prior tempore potior jure.*

Ainsi le privilége du vendeur, quelle que soit la date de la transcription, primera tous les créanciers hypothécaires de l'acquéreur; le privilége des architectes et ouvriers prendra rang même avant les créanciers inscrits antérieurement aux travaux qui auront augmenté la valeur de leur gage. Ainsi encore, le privilége du cohéritier et du copartageant, et celui des légataires et créanciers d'une succession, qui demandent la séparation des patrimoines, pourvu qu'ils soient inscrits dans les délais qui viennent d'être indiqués, primeront toutes les hypothèques qui pourraient avoir été constituées par les héritiers.

Dans tous les cas même où l'inscription doit être faite dans un délai déterminé, l'expiration de ce délai ne détruit pas l'hypothèque renfermée dans le privilége, qui peut toujours être inscrite, mais n'a de rang alors qu'à dater de son inscription.

Quant au vendeur qui aurait perdu son privilége, il aurait encore le droit de faire prononcer la résolution de la vente, et l'action en résolution dure trente ans, sauf toutefois le cas d'expropriation de l'acquéreur, auquel cas, d'après la loi du 2 juin 1841, sur les ventes judiciaires, cette action est purgée par l'adjudication, quand elle n'a pas été intentée auparavant.

Les priviléges sont attachés à la qualité de la créance ; il est donc naturel et juste que les cessionnaires jouissent des mêmes avantages que leurs cédants, et exercent leurs droits en leur lieu et place.

DE LA RESTRICTION DES HYPOTHÈQUES LÉGALES DE LA FEMME ET DU MINEUR.

(C. civ., art. 2140-2145.)

L'hypothèque légale des femmes et celle des mineurs ou interdits frappent l'universalité des biens des maris et des tuteurs.

Cependant, comme il serait injuste de grever tous les biens du tuteur ou du mari, quand une partie de ces biens suffit notoirement pour répondre de toutes les créances de la femme, du mineur ou de l'interdit, la loi permet de ramener ces hypothèques à la spécialité.

La restriction de l'hypothèque légale de la femme peut avoir lieu par le contrat de mariage, pourvu que les parties contractantes soient majeures.

L'art. 1398 qui dispose que « le mineur habile à contracter ma-

« riage est habile à consentir toutes les conventions dont ce contrat « est susceptible, pourvu qu'il ait été assisté, dans le contrat, des « personnes dont le consentement est nécessaire pour la validité du « mariage », n'est pas applicable dans le cas de l'art. 2140, qui exige positivement la majorité des parties contractantes.

Le conseil de famille assemblé pour nommer le tuteur peut, par la même délibération, et dans l'acte même de nomination, déclarer qu'il ne sera pris inscription que sur certains biens du tuteur.

Lorsque l'hypothèque légale de la femme ou des mineurs ou interdits est ainsi restreinte par le contrat du mariage ou l'acte de nomination, elle se concentre tout entière sur les immeubles désignés, et tous les autres biens du mari ou du tuteur restent libres et affranchis.

Mais il ne peut être convenu, ni pour l'hypothèque de la femme, ni pour celle du mineur ou de l'interdit, qu'il ne sera pris aucune inscription. La loi a voulu, par cette prohibition, empêcher qu'on ne pût, par des conventions particulières, priver les femmes, les mineurs et les interdits des garanties qu'elle a entendu leur assurer dans un intérêt d'ordre public.

Le mari et le tuteur peuvent, pendant le mariage et pendant la tutelle, faire réduire l'hypothèque legale qui frappe leurs biens, pourvu toutefois qu'elle n'ait pas été déjà restreinte par le contrat de mariage ou par l'acte de nomination à la tutelle; car cette restriction primitive lui aurait donné un caractère de spécialité, et il est de principe que les hypothèques spéciales ne peuvent être réduites.

Pour parvenir à la réduction pendant le mariage, le consentement de la femme est nécessaire, et ce consentement ne peut émaner que d'une femme majeure; car si la femme mineure ne peut pas pas consentir dans son contrat de mariage, à la restriction de son hypothèque, n'y a-t-il pas même raison pour défendre à la femme mineure mariée de donner son consentement à la réduction demandée par son mari? Il faut, en outre, que le mari ait pris l'avis des quatre plus proches parents de la femme réunis en assemblée de famille.

Lorsque le tuteur veut faire réduire, pendant la tutelle, l'hypothèque légale du mineur ou de l'interdit, sa demande doit être précédée d'un avis du conseil de famille ; elle doit être dirigée contre le subrogé tuteur, qui est le contradicteur légitime du tuteur, toutes les fois que les intérêts de ce dernier se trouvent en opposition avec ceux du mineur ou de l'interdit.

Dans toutes les demandes formées par les maris ou tuteurs, le procureur du roi doit être entendu, et les jugements ne peuvent être rendus que contradictoirement avec lui. Lorsque les hypothèques légales de la femme et du mineur ou de l'interdit ont été restreintes par le contrat de mariage, ou par l'acte de nomination à la tutelle, le mari, le tuteur et le subrogé tuteur ne doivent faire opérer l'inscription que sur les biens désignés.

Dans le cas de réduction ultérieure de ces hypothèques à certains biens, prononcée par le tribunal, sur la demande du mari ou du tuteur, les inscriptions qui avaient été prises sur les autres sont rayées. C'est une conséquence nécessaire de leur affranchissement.

DU MODE DE L'INSCRIPTION DES PRIVILÉGES ET HYPOTHÈQUES.

(C. civ. 2146-2156 ; C. de comm., art. 446 et 448 ; loi du 3 septembre 1807 ; avis du conseil d'État du 15 décembre 1807.)

L'inscription est le complément nécessaire pour donner au privilége ou à l'hypothèque toute son efficacité, à l'égard des tiers.

Les formalités relatives à cette inscription se rapportent principalement : 1° au lieu et au temps où elle doit être prise ; 2° à la marche à suivre pour l'opérer ; 3° aux éléments qu'elle doit contenir.

Il est naturel que toutes les formalités qui ont pour but de donner de la publicité aux charges qui pèsent sur un immeuble soient accomplies dans l'arrondissement où il est situé. C'est donc au bureau des hypothèques de cet arrondissement que l'inscription doit être prise ; et il doit être pris autant d'inscriptions qu'il y a d'immeubles situés, en tout ou en partie, dans des arrondissements différents.

Quant au temps, la loi n'a fixé aucun délai pour l'inscription. Dès que l'hypothèque est constituée, il est loisible au créancier de la faire inscrire ; il est même de son intérêt de le faire le plus tôt possible, puisque c'est cette inscription qui doit fixer son rang.

Toutefois, lorsque l'hypothèque résulte d'un jugement de reconnaissance d'écriture, le créancier qui a formé sa demande avant l'échéance ou l'exigibilité de la dette, ne peut la faire inscrire avant l'échéance du terme ou l'événement de la condition. (Loi du 3 septembre 1807.)

L'inscription étant la condition du droit de suite que donne l'hypothèque, on comprend qu'elle ne puisse plus avoir lieu quand l'immeuble est sorti des mains du débiteur; néanmoins, en cas d'aliénation volontaire, l'art. 834 du Code de procédure permet de faire encore inscrire, dans la quinzaine de la transcription de l'acte translatif de propriété, les hypothèques antérieurement constituées.

Mais le principe qui permet l'inscription jusqu'à l'aliénation est modifié dans le cas de succession bénéficiaire et dans celui de faillite.

En effet, la position des créanciers doit être fixée par la déclaration de faillite ou par l'ouverture de la succession bénéficiaire, et il ne doit être permis à personne, à partir de cette époque, d'obtenir aucun avantage sur les biens qui forment le gage commun.

Néanmoins, dans ces deux cas, le même principe souffre, dans son application, des différences qui ressortent de la nature même des choses.

Dans le cas de succession bénéficiaire le moment qui doit fixer la position des créanciers, se manifeste d'une manière précise par un fait matériel et évident aux yeux de tous, la mort du débiteur. Aussi, à partir de l'ouverture de la succession, aucune inscription ne pourrait plus être prise utilement, alors même qu'il s'agirait d'une hypothèque valablement acquise auparavant. La même règle s'applique au cas de succession vacante.

Il n'en est pas de même dans le cas de faillite. Le moment de l'ouverture de la faillite ne s'annonce pas d'une manière aussi nette et aussi tranchée. La faillite ne devient manifeste que par le jugement qui la déclare.

Cependant le Code du commerce de 1808, dans son article 443, établissait en principe que nul ne pourrait, dans les dix jours qui précédaient l'époque à laquelle l'ouverture de la faillite avait été fixée, acquérir de privilége ni hypothèque sur les biens du failli. La loi du 28 mai 1838 repose sur un principe différent. Elle ne fait résulter le dessaisissement du failli que du jugement qui, en déclarant la faillite, la fait connaître publiquement. Aussi le nouvel art. 446 ne prononce-t-il la nullité, relativement à la masse, des hypothèques conventionnelles et judiciaires et de tous droits d'antichrèse et de nantissement que le débiteur aurait constitués sur ses biens, depuis l'époque fixée par le tribunal comme étant celle de la cessation des paiements, ou dans les dix jours qui ont précédé cette époque, qu'autant qu'ils auront été accordés pour des dettes antérieurement contractées.

Par suite du même principe, le nouvel art. 448 permet d'inscrire, jusqu'au jour du jugement déclaratif, les priviléges et les hypothèques valablement acquis. Seulement, si l'inscription n'est prise qu'après l'époque de la cessation des paiements, ou dans les dix jours qui la précèdent, elle peut être annulée dans le cas où il se serait écoulé plus de quinze jours, entre la date du titre constitutif de l'hypothèque ou du privilége et celle de l'inscription ; et cela à cause de l'accord frauduleux qui pourrait avoir existé entre le créancier et son débiteur, à l'effet de ménager le crédit de ce dernier, jusqn'au moment de la faillite.

L'art. 2147 déclare que le même rang est assigné à toutes les hypothèques pour lesquelles l'inscription a été prise le même jour. Si la préférence dépendait de la priorité de l'heure, elle pourrait être le résultat de la fraude ou de méprises du conservateur.

Pour opérer l'inscription, le créancier, ou un tiers pour lui, doit présenter au conservateur l'original en brevet, où une expédition authentique de l'acte ou du jugement qui donne naissance au privilége ou à l'hypothèque, et justifier ainsi de son droit.

Il doit, en outre, présenter deux bordereaux sur papier timbré, dont l'un, qui peut être mis à la suite du titre, lui est rendu ensuite avec la mention d'inscription; l'autre reste entre les mains du conservateur, pour justifier que l'inscription est conforme à ces bordereaux, destinés à être le type de l'inscription.

Ils doivent contenir 1° les noms, prénoms, domicile du créancier, sa profession s'il en a une, et l'élection d'un domicile pour lui dans un lieu quelconque de l'arrondissement du bureau; domicile qui du reste peut être changé pour un autre, pourvu qu'il soit situé dans cet arrondissement, tant par le créancier même que par son cessionnaire par acte authentique;

2° Les noms, prénoms, domicile du débiteur, sa profession s'il en a une connue, ou une désignation individuelle et spéciale, telle que le conservateur puisse reconnaître et distinguer, dans tous les cas, l'individu grevé d'hypothèque; et s'il s'agit de prendre inscription sur les biens d'une personne décédée, la désignation du défunt seulement;

3° La date et la nature du titre;

4° Le montant du capital des créances exprimées dans le titre ou évaluées par l'inscrivant pour les rentes et prestations, ou pour les droits éventuels, conditionnels ou indéterminés, dans les cas où cette évaluation est ordonnée, comme aussi le montant des accessoires de ces capitaux et l'époque de l'exigibilité;

5° L'indication de l'espèce et de la situation des biens sur lesquels le créancier entend conserver son privilége ou son hypothèque.

Pour l'inscription des hypothèques légales, ce qui comprend, outre les hypothèques des femmes, des mineurs et des interdits, celles de l'Etat, des communes et des établissements publics sur les biens des comptables, les bordereaux doivent contenir seulement la désignation du débiteur et celle du créancier, la nature des droits à conserver, ainsi que le montant de ceux déterminés, sans qu'il y ait besoin d'évaluation pour ceux qui ne le sont pas.

Il n'y a pas lieu pour les hypothèques légales, non plus que pour les hypothèques judiciaires, de désigner l'espèce et la situation des biens ; chaque inscription frappe tous ceux situés dans l'arrondissement du bureau où elle a été prise.

Les hypothèques légales résultant de la loi même, il n'est pas nécessaire d'accompagner les bordereaux d'un titre ; d'énoncer l'époque de l'exigibilité, car elle est inconnue ; d'évaluer le montant des créances éventuelles, conditionnelles ou indéterminées, car cette évaluation serait le plus souvent impossible.

L'hypothèque du principal s'applique aussi aux intérêts échus et à ceux à écheoir ; mais quant aux intérêts à écheoir, pour éviter une accumulation qui pourrait quelquefois absorber une grande partie du prix à distribuer, au préjudice des créanciers postérieurement inscrits, l'art. 2151 déclare que le créancier inscrit pour un capital productif d'intérêts, ne pourra se faire colloquer à l'ordre, au même rang que le capital, que pour deux années pleines, plus la partie écoulée d'une troisième, l'année courante, sauf à lui à prendre des inscriptions particulières pour tous autres intérêts.

L'année courante se calcule du jour correspondant à celui de l'inscription, jusqu'au moment de la demande en collocation.

Afin d'éviter autant que possible la difficulté des recherches, l'inscription n'a d'effet que pendant dix ans ; si elle n'est pas renouvelée avant l'expiration de ce délai, elle perd son rang.

Un avis du conseil d'Etat, du 15 décembre 1807, a décidé que, lorsque l'inscription est nécessaire pour opérer l'hypothèque, le renouvellement est nécessaire pour la conserver; que lorsque l'hypothèque existant indépendamment de l'inscription, celle-ci n'est ordonnée que sous des peines particulières, ceux qui ont dû la faire, doivent la renouveler sous les mêmes peines, et enfin que l'inscription opérée d'office par le conservateur, doit être renouvelée par le créancier qui y a intérêt.

Les frais de l'inscription doivent être avancés par l'inscrivant ; mais ils sont à la charge du débiteur. Le vendeur qui requiert la transcription, doit de même faire l'avance des frais, sauf répétition contre l'acquéreur. Pour les hypothèques légales, le conservateur ne peut exiger les droits de l'inscrivant ; il a son recours direct contre le débiteur.

Les inscriptions hypothécaires peuvent donner lieu à différentes actions, telles que les actions en mainlevée, en radiation, en réduction. Ces actions étant réelles doivent être portées devant le tribunal de la situation des immeubles hypothéqués, par exploits signifiés, soit au domicile réel et à la personne des créanciers, soit au domicile élu dans l'inscription, et ce nonobstant le décès soit des créanciers, soit de ceux chez lesquels a été faite l'élection de domicile.

DE LA RADIATION ET DE LA RÉDUCTION DES INSCRIPTIONS.

(Cod. civ. art. 2157 — 2165, C. de proc. 548 — 550.)

Quand une fois l'inscription a été radiée par le conservateur, rien ne saurait plus faire revivre, au profit du créancier, le rang qu'elle assurait à l'hypothèque. On comprend dès lors que la radiation ne puisse avoir lieu qu'en vertu du consentement exprès du créancier ou d'un jugement rendu contre lui.

Il ne suffirait donc pas qu'il fût constant pour le conservateur des hypothèques, que la créance a été acquittée, ou que par tout autre motif l'inscription n'a plus d'objet. C'est là ce dont il ne peut pas être constitué juge, et il n'appartient qu'aux tribunaux de prononcer la radiation refusée par le créancier.

Quand la radiation est consentie par une partie majeure et maîtresse de ses droits, elle peut n'être motivée que sur la volonté du créancier, puisque rien ne l'empêche de renoncer même gratuitement à son rang hypothécaire. Mais si le créancier n'est pas capable d'aliéner, par exemple si c'est un mineur ou un interdit, la radiation ne pourra être consentie par le tuteur, qu'autant qu'elle serait la conséquence d'un acte qui n'excédât pas ses pouvoirs, par exemple du paiement intégral fait entre ses mains.

En tous cas le consentement ne peut être donné que par acte authentique.

La radiation non consentie doit être ordonnée, lorsque l'inscription a été prise illégalement ou irrégulièrement, c'est-à-dire lorsqu'elle a été faite sans être fondée ni sur la loi ni sur un titre, ou lorsqu'elle l'a été en vertu d'un titre soit irrégulier, soit éteint ou soldé ; ou enfin lorsque les droits de privilége ou d'hypothèque valablement inscrits ont été depuis effacés par les voies légales, telles que l'extinction de la créance dont ces droits n'étaient que l'accessoire, l'accomplissement des formalités de purge ou la prescription.

Le droit de demander la radiation appartient soit au débiteur lui-même, soit à l'acquéreur de l'immeuble grevé, soit même au créancier qui se trouve primé dans l'ordre par l'inscription.

La règle générale qui veut que toutes les contestations auxquelles peuvent donner lieu les inscriptions, soient portées devant le tribunal de la situation des biens, reçoit ici son application. Elle souffre cependant exception en deux cas : 1° lorsque les parties plaident devant un autre tribunal, sur l'existence même de la créance, ou sur la validité du titre d'où résulte l'hypothèque, et que par suite la radiation n'est demandée qu'accessoirement et comme conséquence de la demande principale ; ou lorsque l'inscription ayant été prise pour garantie d'une condamnation éventuelle ou indéterminée, les parties sont en instance sur l'exécution ou la liquidation de cette condamnation, devant le tribunal qui l'a prononcée. C'est là une conséquence du principe que les tribunaux doivent en général connaître de l'exécution de leurs jugements. 2° Quand les contractants sont convenus de porter, en cas de contestations, la demande devant un tribunal désigné.

L'inscription radiée ne pouvant plus être rétablie au même rang, il est important que la radiation ne soit jamais opérée par suite d'un jugement qui peut encore être réformé ; aussi ne peut-elle avoir lieu qu'en vertu d'un jugement en dernier ressort ou ayant acquis force de chose jugée.

Le jugement ne peut donc être exécuté, même après les délais d'opposition ou d'appel, que sur un certificat de l'avoué de la partie poursuivante, contenant la date de la signification faite à la partie condamnée. Il doit y être joint un certificat du greffier constatant qu'il n'existe sur le registre tenu au greffe à cet effet, aucune mention d'opposition ni d'appel.

Les hypothèques, sans être radiées entièrement, peuvent être simplement réduites.

La réduction peut être consentie par le créancier maître de ses droits, dans les mêmes formes que la radiation. Elle peut alors s'appliquer à toute espèce d'hypothèque.

Lorsqu'elle n'est pas consentie, l'action en réduction est ouverte au débiteur, mais au débiteur seul. Elle ne peut être fondée que sur la disproportion existant entre la valeur des immeubles hypothéqués et celle nécessaire à la sûreté de la créance.

La loi détermine d'une manière précise les cas dans lesquels cette disproportion est réputée exister. Elle considère comme excessives les inscriptions qui frappent sur plusieurs immeubles, lorsque la valeur d'un seul, ou de quelques uns d'entre eux, excède de plus d'un tiers en fonds libres le montant de la créance en capital et accessoires légaux.

L'art. 2165 fixe le mode d'évaluation des immeubles sur lesquels frappe l'inscription. Il prend pour base le revenu des biens, et en détermine la valeur par dix ou quinze fois ce revenu, suivant que ces biens sont ou ne sont pas sujets à dépérissement. Quant au revenu, il est indiqué soit par la matrice du rôle de la contribution foncière, soit par la cote de la contribution sur le rôle. Toutefois les juges peuvent s'aider d'autres renseignements, tels que baux non suspects, procès-verbaux d'estimation dressés à des époques rapprochées, ou autres actes semblables, et évaluer le revenu au taux moyen entre les résultats de ces différents renseignements.

Les inscriptions dont la réduction peut être ainsi demandée, sont celles qui ont été prises en vertu d'une hypothèque générale ; mais la réduction des hypothèques conventionnelles ne peut jamais être demandée. Les parties ne peuvent, en effet, avoir d'autre loi que le contrat qu'elles ont librement accepté : on ne peut donc ravir au créancier aucune partie du gage qui lui a été affecté, et qu'il a jugé devoir exiger comme condition du prêt qu'il a consenti.

Il est un cas où la réduction a pour objet, non pas la limitation des immeubles qui doivent rester grevés, mais la somme que l'inscription doit conserver : c'est celui d'une créance éventuelle, conditionnelle ou indéterminée, dont le montant n'a pu être porté dans cette inscription que par évaluation.

La loi laisse, dans ce cas, aux juges, toute latitude pour arbitrer l'excès, d'après les circonstances, les probabilités des chances et les présomptions de fait, de manière à concilier les droits vraisemblables du créancier avec le crédit raisonnable à laisser au débiteur. Mais la réduction qui est ainsi la suite d'une évaluation exagérée, ne peut avoir lieu qu'autant que cette exagération est le fait du créancier. Elle ne pourrait donc être demandée, si l'évaluation était le fait du débiteur.

Du reste, si la réduction se trouve avoir été trop forte, et si par suite des événements, les biens restés soumis à l'inscription ne sont plus suffisants pour garantir les créances devenues certaines et liquides, le créancier conserve le droit de prendre de nouvelles inscriptions. Mais la réduction aura toujours produit son effet, et les nouvelles inscriptions n'auront de rang qu'à compter du jour de leur date.

On suit pour la demande en réduction, les mêmes règles de compétence que pour la demande en radiation ; et le jugement qui l'ordonne ne peut être exécuté que sous les mêmes conditions.

DE LA PUBLICITÉ DES REGISTRES ET DE LA RESPONSABILITÉ DU CONSERVATEUR.

(C. c. 2196-2203. Avis du Conseil d'État du 26 décembre 1810.)

Du système de la publicité des hypothèques découle naturellement le droit pour tous de se faire délivrer, par les conservateurs, copie des actes transcrits, copie des inscriptions subsistantes ou certificat qu'il n'en existe aucune.

Les conservateurs des hypothèques sont dépositaires, en grande partie, de la fortune publique : la loi a donc dû se préoccuper des moyens d'assurer la régularité des opérations qui leur sont confiées, et leur imposer des devoirs et une responsabilité sérieuse.

Ils ne peuvent, dans aucun cas, refuser ou retarder la transcription des actes de mutation, l'inscription des droits hypothécaires, ni la délivrance des certificats requis, à peine de dommages-intérêts envers les parties.

En cas de refus ou de retards, les intéressés qui auront à s'en plaindre, sont autorisés à les faire constater par des procès verbaux dressés sur-le-champ, soit par un juge de paix, soit par un huissier, soit par un notaire assisté de deux témoins. En effet, le plus léger retard dans l'accomplissement de ces formalités, peut souvent avoir des inconvénients très graves.

On doit reconnaître néanmoins qu'ils ne peuvent pas toujours faire la transcription des actes translatifs de propriété ou l'inscription des bordereaux, à l'instant même où ils leur sont remis. Il fallait donc prendre des mesures pour prévenir la confusion qui aurait pu résulter de l'apport simultané fait dans leurs bureaux d'un certain nombre de bordereaux ou autres pièces. C'est ce que la loi a prévu en les assujétissant à tenir un registre où ils inscrivent, jour par jour, et par ordre numérique, les remises qui leur sont faites d'actes de mutation pour être transcrits, ou de bordereaux à inscrire. Chaque remise est en outre certifiée par une reconnaissance sur papier timbré, contenant le numéro du registre sur lequel elle a été inscrite. C'est d'après l'ordre et la date de ces remises que doivent être faites les transcriptions ou les inscriptions.

Les mentions de dépôts, les inscriptions et les transcriptions doivent être faites sur les registres de suite, sans aucun blanc ni interligne, sous peine, en cas de contravention, d'une amende de 1,000 à 2,000 francs, et des dommages-intérêts des parties.

Les registres sont en papier timbré. Ils sont cotés et paraphés, par première et dernière, par l'un des juges du tribunal de première instance dans le ressort duquel se trouve le bureau. Chaque jour ces registres sont arrêtés.

Si un conservateur omet de faire sur ses registres, soit les transcriptions d'actes de mutation qui lui sont présentés, soit les inscriptions d'office, soit toutes autres inscriptions requises, il doit indemniser les parties intéressées qui souffrent de ces omissions. Il répond aussi du défaut de mention dans les certificats qu'il délivre, d'une ou plusieurs inscriptions, ainsi que des radiations qu'il aurait faites indument, et des nullités d'inscriptions qui proviendraient de son fait.

Mais cette responsabilité ne peut s'étendre au delà du préjudice qui est la conséquence immédiate de l'omission, et il n'en peut être passible qu'autant que cette omission est une contravention positive aux prescriptions de la loi, et qu'il en résulte une déchéance irréparable.

L'omission d'une inscription dans l'état délivré par le conservateur peut avoir, selon les circonstances, des conséquences différentes. Elle a pu induire en erreur un prêteur, sur la position hypothécaire du débiteur, et cette erreur a pu lui porter préjudice. D'un autre côté, s'il s'agit d'un certificat délivré après la transcription, le créancier perd son droit de suite, et l'immeuble est irrévocablement affranchi de toute charge, entre les mains du nouveau propriétaire.

Néanmoins, tant que le prix n'est pas payé ou que l'ordre n'est pas réglé d'une manière définitive, le créancier dont l'inscription a été omise, conserve, en vertu de son hypothèque, le droit de se faire payer sur ce prix d'après le rang qui lui appartient.

Un avis du conseil d'État du 26 décembre 1810, indique la marche à suivre pour la rectification des erreurs ou irrégularités commises par les conservateurs dans la transcription des bordereaux.

D'après cet avis, ils peuvent, au moment même où ils découvrent l'erreur, sans recourir aux tribunaux, employer les moyens nécessaires pour empêcher que les effets de cette erreur ne se prolongent. Dans ce but, ils peuvent en opérer la rectification, en portant sur leurs registres, mais seulement à la date courante, une nouvelle inscription plus conforme aux bordereaux remis par le créancier. Cette nouvelle inscription doit être accompagnée d'une note relatant la première, qu'elle a pour but de rectifier. Le conservateur doit donner aux parties requérantes des extraits tant de la première que de la seconde inscription.

Il est bien entendu que l'inscription ainsi rectifiée ne produit d'effet qu'à partir de cette rectification, à l'égard des tiers qui auraient contracté avec le débiteur, sous la foi d'un certificat délivré avant la seconde inscription.

Indépendamment des dommages-intérêts dont les conservateurs peuvent être tenus envers les parties intéressées, ils sont encore passibles d'une amende de 200 à 1,000 fr., lorsqu'ils ne se conforment pas, dans l'exercice de leurs fonctions, aux règles qui leur sont prescrites. Mais les dommages-intérêts sont toujours payés préférablement à l'amende, et peuvent être poursuivis non seulement sur le cautionnement, mais encore sur tous les biens des conservateurs, qui peuvent même, en cas de récidive, encourir la destitution.

DE LA SURENCHÈRE SUR ALIÉNATION VOLONTAIRE.

(Cod. de proc., 832-838.)

On vient de voir que l'inscription est la condition de l'exercice du droit de suite attaché à l'hypothèque. Mais ce droit serait illusoire si le débiteur pouvait, par des ventes faites à vil prix, soustraire au créancier une partie du gage.

Ce danger n'existe pas lorsque la vente a lieu par suite d'expropriation forcée, puisque dans ce cas les créanciers mis en demeure, par les notifications qui leur sont adressées, peuvent porter leurs enchères au moment de l'adjudication. Mais en cas d'aliénation volontaire, cette aliénation n'étant notifiée aux créanciers inscrits qu'après qu'elle est consommée, l'art. 2185 du Code civil leur donne le droit de surenchère, s'ils ne se contentent pas du prix porté au contrat, ou déclaré par le nouveau propriétaire.

Cet article et les art. 832 à 838 du Code de procédure déterminent le mode d'exercice du droit de surenchère et la procédure à laquelle elle donne lieu. Les principales dispositions qu'ils contiennent sont relatives : 1° à la caution que doit offrir le surenchérisseur, à la présentation de cette caution, à la soumission qu'elle doit faire et à la manière dont sa solvabilité doit être constatée par titres, à moins que le surenchérisseur ne donne un nantissement en rentes sur l'État; 2° à la nullité de la surenchère, dans le cas où la caution n'est pas admise, ou dans le cas où les formalités essentielles, prescrites par la loi, ne seraient pas remplies; 3° au droit de subrogation ouvert aux autres créanciers inscrits, dans le cas où le surenchérisseur ne donnerait pas suite à la surenchère, ou dans les cas de collusion, fraude ou négligence de sa part dans le cours de la poursuite; 4°, à la forme de l'adjudication et aux actes prescrits pour en assurer la publicité: 5° et aux effets de cette adjudication.

Mais ce qu'il importe surtout de remarquer ici, comme ayant introduit dans le régime hypothécaire une modification importante, c'est la disposition de l'art. 834, qui confère le droit de surenchère aux créanciers qui n'auraient pris inscription que dans le délai de quinzaine, à partir de la transcription destinée à rendre l'aliénation publique. C'est cette disposition qui a donné une extension nouvelle au droit du créancier hypothécaire qui, avant le Code de procédure, ne pouvait plus s'inscrire une fois que l'immeuble avait cessé d'être la propriété du débiteur.

Il faut également fixer son attention sur l'art. 835, d'après lequel le nouveau propriétaire n'est cependant tenu de faire les notifications prescrites par les art. 2183 et 2184 du Code civil, qu'aux créanciers inscrits antérieurement à la transcription.

POSITIONS.

I. La date de l'inscription du privilége de séparation de patrimoines, n'établit pas de priorité entre les créanciers de la succession.

II. Ils sont préférés, même quand ils se sont fait inscrire tardivement, aux légataires qui ont pris inscription dans le délai de six mois.

III. Mais il est un cas où les légataires qui ont pris inscription, sont préférés aux créanciers qui n'ont pas pris inscription dans le délai de six mois : c'est celui où l'actif de la succession suffisant au paiement des créanciers et des legs, ces créanciers se trouvent exclus par ceux de l'héritier.

IV. Faute de renouvellement de l'inscription d'office, le vendeur ne peut plus invoquer l'effet de la transcription, et son privilége n'est plus conservé.

1360. Imp. Maulde et Renou, rue Bailleul, 9-11

www.ingramcontent.com/pod-product-compliance
Lightning Source LLC
Chambersburg PA
CBHW060535200326
41520CB00017B/5255
* 9 7 8 2 0 1 1 2 8 7 2 2 9 *